아침달 시집

네가 봄에 써야지 속으로 생각했던

심보선

시인의 말

다시는 못 쓸 것 같았다.

다시 쓸 수 있어 기뻤다.

남은 삶

쓸 수 없는 밤과

쓸 수밖에 없는 밤이

서로에게 가없이 다정하기를.

2025년 6월

심보선

차례

1부
어떤 삶이 어떤 삶으로부터

쓰지 못했다	13
삶은 나의 일	14
섬망	17
네가 봄에 써야지 속으로 생각했던	20
유린	24
나타나다	26
오해	28
엉터리 사랑	30
북, 꿈	32
밤 산책	34
책에 따라 살기	35
망원	38
나는 나의 아버지	42
다정하고 따사로운	44
몽상가	46

2부
아니면 반대
아니면 안녕

각자의 개	51
말들의 정원	54
말들의 묘지	56
하나 빼기	57
빙하기	58
나의 신은 너의 신이 아니다	60
키스를 하자	62
그리고	64
내가 다시 기도를 할 수 있다면	67
어떻게 해야 할까요	72
골격	74
풍장 생각	76
화이트 노이즈	78

3부
서로의 안녕을 모르는 일

질투는 나의 힘	83
아픈 몸이 아프지 않은 쪽으로	88
재회	93
스물	96
말년의 양식 2	98
절망은 끝까지 그 자신을 반성하지 않는다	101
부잣집 아이	106
나의 얼음 마녀를 떠올리며	108
세계 시의 날 다음 날	114
유서체의 전설	117
문학 공동체	118
쿠오 바디스 도미네	121

산문

산책 다녀왔으니 이제 시 쓰자   125

발문

그을린 감정 속에서 써 내려간
문장들에 부쳐 – 이제니   135

1부
어떤 삶이 어떤 삶으로부터

쓰지 못했다

그동안 끔찍한 일들이 너무 많이 벌어졌는데
그날 밤 얼굴 위에 수천 장 분량의 별빛이 쏟아졌는데
눈동자가 오리온좌의 모서리를 스칠 때마다 몹시 시렸는데
크게 운 다음에는 꼭 따뜻한 차를 마셨는데
내가 끝내 돌아갈 곳은……
한사코 확신을 거부했는데
국경보다 공원이
능선보다 강변이 더 좋았는데
걷고 걸었는데
먼 길을 돌고 돌았는데
불안은 영혼 속에서 배회하는 개새끼
새벽마다 울부짖게 내버려뒀는데

삶은 나의 일

나는 대체로 홀로 지내고
그때 내가 어떤 표정을 짓는지 알지 못한다

산책을 하고 청소를 하고
음악을 듣고 책을 읽고
혼자 생각에 빠져 있을 때
표정의 지속과 변화를 의식하지 않는다

눈물이 흐르면 눈물이 나오나 보다 한다
갱년기나 우울증을 검색하고
좋아요, 도 가끔 누른다

나는 속으로 말한다
삶이여, 나를 이곳에 두고 먼 곳으로 떠나다오

나는 대체로 홀로 침묵 속에서 살아간다
침묵은 먼 곳으로 떠난 내가
이곳에 머무른 내게 전하는 안부이다

나는 속으로 말한다
삶이여, 나를 이곳에 붙들어라
내 등에 하루의 노역을 지우라
그리고 아주 먼 곳으로 달아나라

나는 내가 저지른 죄만 기억한다
나는 내가 모르는 타인일 때에만 선한 인간이다

삶이 내 속에서 말한다
살아가는 것, 그것이 우리의 일이다
우리는 함께 먼 곳으로 흘러가야 한다

나는 침묵 속에서 살아간다
나의 일은 살아가는 것
내가 모르는 먼 곳으로 나를 떠나보내는 것이다

행복은 내일 외딴곳에 다다른 내가

오늘 이곳에 머무른 나를 향해 짓는 미소이다

나는 대체로 홀로 지내고
그때 내가 어떤 표정을 짓는지 알고 싶지 않다

삶은 사라지고 나타나는 삶에만 희열한다

섬망

이마에 손바닥을 대줘
따스한 리넨 커튼이
머리맡에 너울대서 좋았다고
나중에 기억할 수 있도록

어깨를 꽉 깨물어줘
거닐던 해변에
번개가 쳐서 깜짝 놀랐다고
나중에 기억할 수 있도록

속삭임에 속삭임으로 대꾸해줘
키체인처럼 찰랑대는 언어로
언젠가 우리의 대화 끝에
천국의 문이 활짝 열릴 테니까

내 흐느낌은 입술에서
부러진 칼처럼 떨어져
그 칼을 피하지 말아줘

나도 키스할 땐
너의 침을 꿀꺽 삼켰으니까

고개를 끄덕여줘
내가 응, 하면
너도 응, 해줘
그러곤 나를 단 하나의 귀중품처럼
그토록 가벼운 여행 가방에 태우고 떠나줘

우리가 생존자였음을
우리가 주저앉아 통곡하며
가슴을 치던 이곳에서
순한 사람들이 살아남았음을
나중에 기억할 수 있도록

이제 베개를 거둬줘
고요히 아주 고요히
비단결 스치는 소리도 내지 말아줘

어젯밤 꿈속의 악마가

다시는 내 곁에 눕지 못하도록

네가 봄에 써야지 속으로 생각했던

밤에 불을 끄면 어둠은
낮 동안 끌어모은 아지랑이를
네 머리맡에 하나둘 풀어놓는다
그러면 너의 영혼은
봄날 산수유 내음으로 젖어든다

산수유가 피면 봄이 온다
그 상상만으로 행복할 수는 없지만
산수유가 피면 봄이 온다
그렇게 이야기를 시작할 수는 있다

어둠은 이상한 책 같다
네가 봄에 써야지 속으로 생각했던
이야기를 다 품고도 아닌 척
너의 조용한 독서를
다른 꿈의 갈피로 이끈다

어둠은 알수록 모르겠고

읽을수록 더 짙어지는
이상한 책이라는
이상한 생각을 하면서
너는 흐려지는 글자들을
어루만지고 또 어루만진다

너는 침묵으로 슬픔을 덮고
그것이 술처럼 무르익도록
충분한 시간을 줬다
너는 썼다
영혼을 지닌 이들은
너무 슬픈 나머지
영혼의 존재를 믿지 않는다

네가 봄에 써야지 속으로 생각했던
이야기는 그렇게 시작할 수도 있었다

그러나 너는 다음 문장을 쓰지 못했고

여리고 순한 글자들을
어루만지고 또 어루만지기만 했다

네가 봄에 써야지 속으로 생각했던
이야기는 봄에 대한 것이 아니다

청산에 꽃그늘 지천으로 깔려
발걸음 하나하나
애틋해지는 봄
그 꿈날에 대한 것이 아니다

네가 봄에 써야지 속으로 생각했던
이야기는 어쩌면
떨리는 눈꺼풀
떠내려가는 종이배
낡은 계단
녹슨 난간
그 너머 지평선

그 언저리 핏빛 노을……
어쩌면 그게 다가 아니다

나는 너에게 어둠에 대해 말한다
나는 어둠에게 너에 대해 말한다

네가 봄에 써야지 속으로 생각했던 이야기

산수유가 피면 봄이 온다
너무나 슬픈 영혼을 가졌기에
영혼을 믿지 않는 사람들이 있다

그렇게 시작하는 끝 모를 이야기가
봄밤 어둠 속에서
시작한다

유린

내 몸에 나도 모르는 자국들

누가 나를 꾹꾹 누르고 떠났나?

밤이 오고 어둠이 내린다

악마가 심심해서 여기저기

꾹꾹 누르고 떠난 칠흑

천사가 안쓰럽게 쓰다듬어

가까스로 미명을 부른다

오늘은 어느 쪽 하늘 아래

더 많은 사람들이 엎드려 있을까?

하얗게 질린 손바닥을

밤새 꾹꾹 누르고 있다

붉어지라고 제발 붉어지라고

나는 겁쟁이가 되었구나

허나 갸륵하여라

이 끔찍한 세상에서

또 무언가를 곰곰

생각하고 있다니

나타나다

완만한 경사길 끝에
이름 모를 새가 잰걸음으로 총총거리고
먼지들이 햇살에 난반사하며 흩어진다
어떤 것도 나쁘지 않고
어떤 것도 좋지 않다
영원을 생각하면
그 생각에서 벗어날 수 없다
시간이 시간을 미분하며 흐른다
산책만으로 한 권의 책이 완성되면 좋겠다
덧없음을 생각하면
그 생각에서 벗어날 수 없다
구름이 하늘에 빛바랜 셔츠처럼 떠 있다
천사의 날개는 분명
더럽기 짝이 없을 것이다
희망에 대한 생각을 하면
곧바로 지워버린다
절망도 마찬가지
좋은 생각은 좋고

나쁜 생각도 나쁘지 않다
무엇을 배우는지 모르겠는
상상 속 학원
책을 펼치세요 하면
책을 펼치지 않을 수 없는
누군가의 속삭임
숨어 살 만한 작은 구석들이
세계 곳곳에 넘쳐난다
어떤 생각은 나쁘고
어떤 생각은 좋다
어떤 삶이 어떤 삶으로부터
나타난다
모든 것이 스스로
존재의 황금비를 찾아간다

오해

나는 오랫동안 배려의 그림자를 키워왔다
그것은 내 몸의 윤곽만큼 온기를 지닌다
그러나 참 이상도 하지
사람들은 찬바람이 나로부터 불며
훈풍은 자연의 법칙이라 여긴다
그 누가 그림자의 따뜻한 속삭임을 듣겠는가
그 누가 그림자의 깊은 정에 끌리겠는가
그런데 참 이상도 하지
사람들이 나를 오해하듯
나는 내 심장을 오해한다
사랑은 나의 의지이며
농부가 열매를 거둬들이듯 때가 되면
사랑을 소유할 수 있다고 믿는다
그러나 덤불숲을 뛰쳐나온 토끼에 놀라듯
내 심장은 사랑을 만나 쿵쾅거린다
딱딱한 어깨와 허리와 무릎을 꺾어
사랑을 포획하려 엉터리 덫을 만든다
그러니 참 이상도 하지

산다는 것은 오해의 연속이다
사람들은 나를 오해하고
나는 내 심장을 오해하고
내 심장은 생을 더듬거리며 엇박자로 달린다
오해로 인해 사물과 인간은
아름다움을 하루도 간직하지 못한다
그것은 참 이상하고도 슬픈 일이다

엉터리 사랑

나는 너에게 아무렇게 말한다

문법은 엉망일지라도
우리의 대화는 완벽하다

내 영혼을 검색하면 팔 할이 너다
네가 타인이어서 얼마나 다행인가

나는 너를
나는 너를
나는 말을 끝맺지 않고

나는 너를 비유의 숲으로 데리고 가
꺼지지 않는 불의 화환으로 감싸리

그러면 너는
수정빛 맴도는 동그란 단어가 된다

나는 죽을 때까지
그 단어를 손에 꼭 쥐고 있을 것이다

나는 너를
나는 너를
나는 같은 말만 하고
그 말을 끝까지 끝맺지 않고

얼마나 다행인가

내가 입안에 따뜻한 돌을 머금고
살아갈 수 있다니

북, 꿈

당신은 나의 상체에 기대어 있다
거기엔 아무것도 없는데

당신은 내 심장 소리를 듣는다
들어봐, 여기 뭔가 있어
알아, 하지만 별것 아니야
너를 죽지 않게 하는 거야
알아, 그러니 별것 아니지

당신은 피식 웃는다
이번 가을엔 수목원에 가자
그래, 수목원에 가자

우리가 함께 수목원에 간 적이 언제였나
그때 이런 말을 했던 건 기억난다
들어봐, 저쪽에서 황소개구리가 운다
그러자 저쪽에서 큰 새가 날아올랐다
어라, 황소개구리 날아간다

당신은 피식 웃었다

그 후로 당신의 머리칼은 아주 길어졌다
몇 올을 뽑아 내 심장에 심고 싶다

그러면 내 심장은 특별해지겠지
그러면 난 죽겠지

당신은 아직도 내 상체에 기대어 있다
거기엔 정말 아무것도 없는데

당신은 내 심장 소리를 듣는다
우리는 까무룩 잠이 든다

꿈속에서 당신은 먼 북소리를 듣겠지
꿈속에서 나는 미친 듯이 북을 치겠지

밤 산책

당신이 잠든 사이 몰래 밖으로 나가
공원 벤치에 한참을 앉았다 돌아왔다

아침에 당신이 나를 안고는
재스민 향이 나네 해서

그 후로 새벽에 줄곧 그리하였다

요새는 밤새 공원을 쏘다니고
집에 와 몸 구석구석을 킁킁대도

좋은 냄새가 나지 않는다

애초부터 산책과 무관한 일이라는 걸
이제야 알았다

책에 따라 살기

카페에서 종업원에게 물었다
펜 좀 빌릴 수 있을까요

선 채로 읽던 책의 문장에
천천히 밑줄을 긋고 돌려줬다

내 몸을 위아래로 긋는
그의 시선에 내 맘이 치였다

책 읽으며 걸어가다 차에 치일 뻔했다

앞 좀 똑바로 보고 다니자
책 때문에 나는 이 모양 이 꼴이다

내가 차에 치였을 때
나를 업고 달린 사람이
엄마여서 엄마가 더 좋다

내가 아프거나 말거나

똑바르지 않은 딴생각에 매달려

독서광 아빠는

나를 버리고 어디로 가셨나

누구도 업고 달린 적 없어 처량하고

이제 누가 나를 업고 달리나 더욱 처량하지만

천성이 강퍅한 내가

선함을 자주 생각하는 건

책 속에 난 길이 미망으로 흐르기 때문이다

오늘은 병원에 갔다 광장으로 간다

책에서 배웠다

분노하라 그리고 사랑하고 용서하라

엄마를 사랑하고 아빠를 용서하고
둘을 동시에 떠올리면 분노할 수밖에

그리고 나는 광장으로 간다

거기 가면 분노가 넘치겠지
서로를 사랑하고 용서하겠지

거기선 아프지 않은 이 없고
선하지 않은 이 없기에
만인이 만인을 업고 달리겠지

다 같이 읽은 책이
단 한 권도 없는데

우리는 어찌하여 이 모양 이 꼴이 된 걸까

🌙 김수환의 『책에 따라 살기-유리 로트만과 러시아 문화』(문학과지성사, 2014)에서 가져왔다.

망원

첫 번째 홍수가 끝나자
집 담벽엔 무당의 경고처럼
붉은 기름띠가 선명하게 그어졌다

여기 어떤 물이 흘렀던가
오직 멀리서만 바라볼 수 있는 물
거대한 검은 물

어머니는 아픈 자식들을 들쳐 업고
한달음에 물을 건너 병원으로 달렸다

두 번째 홍수가 끝나자
안방에서 빈 술병 굴러다니는 소리가 들리기 시작했다
나는 아버지가 그 안에 담아 세상에 떠내려 보낸 메시지였다

두 번째 홍수가 끝나자
키우던 개가 동생을 물었다

수도원의 백인 신부에게 개를 맡기며 아버지가 말했다
플리즈 비 굿 투 마이 도그

신부는 아버지에게 인자한 미소를 지으며 말했다
플리즈 비 굿 투 유어 키즈

그의 등 뒤로 아름다운 배경이 비단부채처럼 펼쳐졌다
푸른 눈의 수녀들과 깃털 풍성한 칠면조 떼와
우리 집 마당보다 몇 배나 넓은 테니스 코트
제국의 취향이라 부를 만한 근사한 배치였다

세 번째 홍수가 끝나자
나는 비늘 없는 물고기들을 키웠다
녀석들의 항문에서 새 나오는 공기 방울들이
내 사춘기의 호르몬을 묘한 방향으로 이끌었다

세 번째 홍수가 끝나자

새벽에 이불 속에서 비밀스러운 안개를 만드는 법을 알게 됐고
　　주말에 내게 빵과 면죄부를 주는 더 멋진 아버지를 알게 됐다

여기 어떤 땅이 펼쳐졌던가
오직 멀리서만 바라볼 수 있는 땅
더러운 검은 땅

나는 돌아온다
멀리서 바라봐야만 아름다운 물과 땅으로

나는 보고한다
생사를 가르는 알고리즘의 숨은 분기점들과
신의 행정 계획을 거스르는 멸망의 진행을

나는 걷고 걷는다
어떤 산책은 서너 발자국 만에 잊힌 공포를 되살린다

독자들이여
이 시는 귀향에 관한 것이 아니다
이 시는 사라진 손가락들을 대신해
검은 물로 검은 땅에 새기는
보이지 않는 약속이다

나로 말할 것 같으면 시인
오직 먼 곳만을 바라보는 자
대홍수로부터의 생존자
저주가 제일의 책무인 공인이기에

나는 나의 아버지

 누군가를 몇 날 며칠 기다리며 차라리 돌아오지 말라 기원하고 누군가 비틀거리며 귀가하는 모습에 긴 한숨 쉬고 다음에는 한숨 말고 꼭 면전에 대고 절규하리라 다짐하고 누군가에게 아침에 물을 떠먹이며 이제 일어나세요 애원하고 누군가의 미안하다는 말에 이 악물고 괜찮다 하고 누군가의 사랑한다는 말에 이 악물고 고맙다 하고 누군가 어느 날 쓰러져 끝내 눈뜨지 못하고 그 모습에 세상이 떠나가라 절규하고

 누군가 생전의 목소리와 나이 든 내 목소리가 똑같구나 깨달은 이래 존댓말로 혼잣말을 하기 시작하고 누군가의 흑백사진을 볼 때 나보다 잘생겼네요 괜히 시샘이 나고 누군가의 글들을 모아 서랍에 넣어두고 한 번도 꺼내 보지 않고 그 글들이 가끔 생각나고 그 글들을 영영 꺼내 볼 수 없을 것 같고 그럼 그 글들은 나 말고 누가 읽나 애달프고

 누군가를 아버지라 부른 지 스무 해가 지나고 아버지란 말은 속으로만 되뇌고 아버지란 말은 시 쓸 때마다 나오고 쓰지 말아야지 다짐해도 자꾸 쓰고 이제부터 아버지란 말은

속으로도 말아야지 결심하고 어젯밤엔 잠들다 아버지 하고 나도 모르게 말하고 그 소리에 잠이 확 달아나고 당신 꿈꾼 지 오래됐네요 이 불효는 당신 없이도 끝이 없네요 그럼 이 불효는 내가 나한테 저지르는 건가요 그렇다면 나는 누군가요 아버지 나는 나의 아버지

다정하고 따사로운

기억의 소실점을 응시한다
그 안에 새와 새 아닌 것들이
다 함께 웅크려 있다

날개가 있다고 다 새는 아니고

그중 다정했던 것만
꿈 안에 깃들 수는 없다

내가 너를
신화 속 존재처럼
소중히 여긴다 한들

용서하고 용서받고 싶을 때가 있다
그렇지 않은가?

나는 단어를 고르고 또 고른다
나는 용서하고 용서받을 기회를 놓친다

꿈이라면
꿈이 아니라도
어쩔 수 없지 않은가?

나는 너를 오로지 체온으로만 기억한다

따사로움이여
따사로움이여

그토록 아름다운 꿈을 꿨는데
너에게 보여줄 수 없다니

몽상가

나는 당신의 몸을
먼 목적지라 생각했어요
손은 손을 향해
입술은 입술을 향해
몸 전체는 몸 전체를 향해

물론 다른 조합의 여정들도 있었죠
그중에 하나라도 밤에 떠올리면
불면이 불꽃처럼 일어나죠

컵에는 지문들이 묻어 있었죠
한 사물 위에 난 두 사람의 자국
나는 진지한 도공처럼
그것을 오랫동안 관찰했죠

지금은 그것을 어리둥절 바라봐요
깨진 컵과 부러진 칼날을
분간 못하는 어설픈 고고학자처럼

나는 이제 당신의 몸을
꿈속의 제물이라 생각해요
손은 천사의 것이고
입술은 악마의 것이고
몸 전체는 독수리의 것이죠

나는 사악한 사람이 되려고 잠을 자나 봐요

아침이 왔어요
나는 지난밤 꿈에서 짜낸 핏물로
과거를 붉게 물들여요
그러면 정말이지
거대한 장미꽃 한 송이 말고는
아무것도 기억나지 않아요

나는 또 다른 꿈을 꾸려고 잠에서 깨나 봐요

2부
아니면 반대
아니면 안녕

각자의 개

우리는 모두 개를 키웠지
나의 개만 빼고 다 같은 이름이었지
누구도 그를 부르지 않았기에
나의 개는 가장 일찍 죽었지

나는 죽음이 뭔지 알지
나는 까마귀 떼에 돌을 던져봤지
나는 진작에 알았지
세상에 어느 사랑스러운 것도
우리를 위한 것일 리 없다고

우리는 모두 개를 키웠지
나의 개만 빼고 다 같은 이름이었지
누구도 그를 쓰다듬지 않았기에
나의 개는 가장 일찍 죽었지

나는 내가 누구인지 알지
나는 거울에 돌을 던져봤지

나는 진작에 알았지
세상에 어느 예쁜 것도
우리를 위한 것일 리 없다고

우리는 모두 개를 키웠지
나의 개만 빼고 다 같은 이름이었지
누구도 그를 부르지 않았기에
나의 개는 가장 일찍 죽었지

나는 희망이 무엇인지 알지
나는 불 켜진 창문에 돌을 던져봤지
나는 진작에 알았지
세상에 어느 반짝이는 것도
우리를 위한 것일 리 없다고

우리는 모두 개를 키웠지
나의 개만 빼고 다 같은 이름이었지
누구도 그를 쓰다듬지 않았기에

나의 개는 가장 일찍 죽었지

말들의 정원

모닥불 연기처럼 모락모락 말들이 피어나고 있다
정전正典으로 가는 여행의 낙오자들
신전의 기둥으로 자라날 수 있었던 조각들
그것들이 오후의 공기 틈새에 조성하는
흐릿하고 야릇한 진동
태어나고 있는지
사라지고 있는지 모르겠다
영원히 식지 않는 뜨거운 물에 젖어 떨고 있는 아이들
머뭇거리며 조금씩 소녀가 되어가는 소년
아니면 반대
아니면 안녕
나는 숨을 들이쉬고 숨을 내쉰다
알게 모르게 조금씩 실패하는 일
마지막에는 폐허 위에 쭈그리고 앉아
마음을 볼록하고 딱딱한 돌 뚜껑으로 닫는 일
나는 숨을 들이쉬고 숨을 내쉰다
말들은 어둠 속에 무성한 별빛처럼 빛나다가
깃털처럼 내려앉다가

불꽃처럼 타오르다가

유리구슬처럼 깨지다가

분수처럼 부서지다가

이곳은 아름다운 말들의 정원

나의 감각은 검은색에서 멈춰 있다

나의 표정은 하얀색에서 멈춰 있다

하지만 결국 넘쳐나는 사랑의 감정

아니면 반대

아니면 안녕

의미 없는 그림자들은 활기차게 흔들리고

우연한 슬픔은 필연적으로 더 슬퍼지고

나는 숨을 들이쉬고

한번 멈췄다가

다시 숨을 내쉬고

☾ 이 시는 진은영의 시 「나에게」에서 43개의 단어를 골라 지은 시이다.

말들의 묘지

어떤 말은 죽어서 다음 말로
바로 다시 태어난다

시인이여
말과 말 사이에 무덤을 파라

죽기 위해
다시 살기 위해

소리를 가다듬어
분노를 쓰다듬는
천하의 말더듬이가 되기 위해↳

↳ 윌리엄 셰익스피어의 『맥베스』에 나오는 문구("인생은 바보들이 말한 이야기, 의미 없는 소리와 분노로 가득한")와 윌리엄 포크너의 소설 『소리와 분노』에서 말하는 '소리'와 '분노'.

하나 빼기

이곳엔 분노도 많은데
혁명에 필요한 숫자 빼기 주먹 하나
낮에 가구와 모자를 짜나
밤에 술과 치즈를 익히나

이곳엔 초록도 많은데
숲에 필요한 숫자 빼기 나무 하나
가장 무거운 그네가 되었나
가장 뜨거운 숯이 되었나

이곳엔 죽음도 많은데
멸망에 필요한 숫자 빼기 무덤 하나
새끼 늑대의 요람이 되었나
안갯속에 숨은 돌탑이 되었나

세상 끝 아지랑이 바라보는
한 사람 빼기 한 숨

빙하기

나는 네가 좋다
그것을 잘 알아두도록 해라

약속했지
언젠가는 돌아오리라고

나는 네가 참 좋다
그 말을 잊지 말도록 해라

여름과 겨울
서로를 열망하다 보면
언젠가 하나가 될 거야

동백 말고 아는 꽃이 없는데
잘됐네
동백 말고 피는 꽃이 없으니

나는 네가 정말로 좋다

이제 눈길을 함께 걷자

내가 준 그 기나긴 목도리
언젠가 쓸 때가 있을 거야

끝은 한없이 펼쳐진
순백
그 빛깔을 잊지 말도록 해라

나의 신은 너의 신이 아니다

나의 기도를 따라 하는 너
나의 신은 너의 신이 아니거늘

밤에 나는 무릎을 꿇지 않고
두 손을 모으지 않는다

새벽에 너의 침실은
새가 날아든 회랑처럼 초조하다

나의 눈에서 흐른 눈물은
너의 손바닥을 찾아 휜다

나는 기억을 헤아린다
그중에 하나가 생각난다

내가 울 때마다
왜 웃냐고 너는 물었다
그 악의를

어찌 잊을 수 있겠는가

나의 고해를 따라 하는 너
너는 나의 죄를 훔쳐
몇 배로 부풀린다
그리고 그것을 바람에 옮겨 적는다

나의 신은 너의 신이 아니거늘

너의 천사는 나의 악마이고
나의 천사는 너의 악마이거늘

키스를 하자

나는 타이른다
매사에 조심하라
일단 키스를 하자
너의 입술은 참 부드럽구나
매사에 조심하라
빛 속에서도
그림자 속에서도
우리는 불 속으로 이끌린다
일단 키스를 하자
우리가 어떻게 살아왔는지
마주 앉아 이야기하자
아니 그 전에 욕을 퍼붓자
이 저주받은 세계 속에서
행복을 누리는 이들을 향해
아니 그 전에 키스를 하자
아니 그 전에 필요한 것들을 만들자
밥을 짓고 빵을 굽자
향료와 약을 모으자

그 전에 일단 키스를 하자

매사에 조심하지 않으면 안 된다

그 전에 살아가자

그 전에 태어나자

그 전에 윤회하자

그 전에 업보를 쌓자

매사에 조심하라

범사에 감사하라

그 전에 끝없이 키스하자

너의 입술은 은하처럼 부드럽다

나는 태어나기도 전에

널 사랑한다

일단 키스를 하자

서로를 향해

영원으로부터 달려오는 별똥처럼

그리고

1일에

2일에

말일에

생일에

추모일에

축일에

나날들에

어제와 오늘

내일과 그제 사이에

그리고,

당신은 아무 말도 하지 않았는데

그리고, 라고 말한다

당신은 아무것도

내게 준 적 없는데

다시 너에게, 라고 말한다

당신은 계속 찾는다

당신의 손은 허공을 휘젓는다

거기 어딘가

내게 줄 선물을
숨겨놓았다는 듯이
그리고,
아무 말도 하지 않으면서
모든 것을 말한다
그것들을 찾고 있어
그것들을 모으면 환한 빛이 될 거야
올올이, 켜켜이, 부드럽게, 동그랗게,
온갖 형태로 우리를 감쌀 그 환한 고리를
그리고,
당신은 아무 말도 하지 않았는데
그리고, 라고 말한다
우리는 머리를 맞대고 잠든다
꿈에서 모든 것은 날개가 되기에
우리는 창문을 열면서
이 날개는 너무 투명하네, 라고 말한다
그리고,
살고, 죽고,

태어나고, 사라지고

들이키고, 내뱉고

넘어지고, 달리고

걷고, 눕고, 엎드리고, 무릎 꿇고

그리고,

우리는 아무것도 하지 않으면서

모든 것을 함께한다

그리고,

우리는 영영 오지 않을

다음의 삶을

계속 찾아 헤매고

그리고,

계속 살아가야 한다는 것을 안다

내가 다시 기도를 할 수 있다면

주여
오래전 무릎 꿇고 당신에게 기도한 적 있습니다
일주일에 한 번 마을 가운데의 교당에서

그날을 일요일이 아니라 주의 날이라 부른 사람들은
나보다 더 큰 소리로 기도했습니다

나는 그들이 지은 죄를 낱낱이 들을 수 있었습니다

주여
부디 그들을 용서하지 마소서

주여
마치 아무 일도 일어나지 않은 것처럼 살아가는 이유는
너무 많습니다
   무지함은 그중에 가장 하찮은 것입니다

   모든 일을 겪었고 기억함에도

마치 아무 일도 일어나지 않은 것처럼 살아가는 이들을 긍휼히 여기소서

　　주여
　　나는 꿈에서 보았습니다
　　오른손에 먹칠을 하고 왼손에 꽃대궁을 쥔 아이들이
　　이방의 땅으로 영원히 떠났습니다

　　새벽에 비파가 울고
　　눈 안에 물이 마르고
　　입안은 불을 머금었습니다

　　밤에 수금 소리가 텅 빈 관들을 울려 죽음의 내용을 알렸습니다
　　원수들의 얼굴과 그것을 가리키는 칼끝이 달빛 아래 또렷해졌습니다

　　주여

나는 꿈에서 깨어나
일요일을 일요일이라 부르는 사람들 속으로 돌아갔습니다
나는 아이들과 원수들의 얼굴을 똑똑히 기억할 것입니다

주여
당신의 한숨으로 짠 보자기를 한 번 펄럭이는 것
그것이 한낱 인생의 시작과 끝이라면
나는 그 위에 항아리처럼 엎드려
용서를 빌고 복을 구하지 않겠습니다

내 영혼은 오래전에 산산이 부서졌습니다

주여
나는 잠에서 깨어납니다
아이들이 어찌 원한을 갚았는지 알지 못합니다

나는 아침마다 주먹을 쥐고 일어납니다
나는 아침마다 큰 소리로 웁니다

주여
이 원통함을 떨쳐낼 수가 없습니다

하나의 빛에는 하나의 그림자만이
하나의 목숨에는 하나의 죽음만이

그것만으로 충분케 하소서
그것만으로 당신의 한숨을 채우소서

주여
당신의 이름으로 기도한 지 오래입니다
주의 날을 주의 날이라 부르지 못해
부끄러운 지 오래입니다

이제 당신이 사망한 자리 앞에 무릎 꿇고
당신의 이름으로 기도하오니

우리의 죄를 털끝 하나 용서치 마시고
다만 긍휼히 여기시어
부디 더한 악에서 우리를 구하옵소서

어떻게 해야 할까요

이 집에선 아무도 태어나지 않았고
아무도 죽지 않았는데
지나치게 많은 선물과 유품이 있네요

창밖에선 목이 휜 불구의 새가
비바람을 맞으며 거꾸로 날고 있어요
그는 나를 보고 울지 않아요

불구도 불구도 아닌 멀쩡한 것
그때 그 새는 왜 나를 보고 울었을까요

결정의 순간들은 다 지나갔어요
주저주저한 저주들이 입속에 가득한데
이게 뭔가요
내 목소리는 너무 점잖은 사람의 것이잖아요

조금만 용기와 의지를 내었다면
나는 다른 사람이 되었겠죠

넘치는 선물과 유품을 내다 파는
큰 가게의 주인이 되었겠죠

오늘 나는 의자 위에 가만히 앉아 있어요
언젠가 천만 개의 직각으로 이루어진
황금빛 새장 속에 영원히
영원히 갇히는 꿈을 꾸면서요

그것이 오늘의 형벌이네요
그것이 오늘의 축복이네요

나는 의자 위에 앉아서 곰곰이 생각해요

이제 어떻게 해야 할까요
이제 어떻게 해야 할까요

골격

나는 그냥 앉아 있다
나에게도 골격이라 불리는 것이 있다

품격까지는 아니어도
뼈에 약간의 힘만 주어도
골격이라 불리는 것이 나타난다

가끔 밤에 타자기를 두들긴다 그러면
문장들이 직선으로 달려간다
기원에서 출발하여 기적을 향해
아주 단단하고 절실한 골격으로

하루 종일 꽃잎을 밟고 있는 마음
하루 종일 꽃병의 물을 쏟는 마음
그런 병약하고 한심한 마음으로 살아가지만

실은 살아간다고 하기도 뭐하지만

가끔 밤에 떠올린다
고르비, 나의 영원한 대머리 서기장
페레스트로이카와 글라스노스트
그의 장대한 골격과 혁명 정신을

나에게도 충성심이 있다
마음만 먹으면 뜨거운 선언문을 쓸 수 있다

나는 보지마, 라고 말하기 위하여
누군가 나를 바라볼 때까지 기다린다

결국 아무도 나를 바라보지 않지만

그냥 앉아 있기만 해도
분노라는 골격이 나타날 때가
나에겐 있다

풍장 생각

사람의 시신을
산에 두어 소멸케 하는 게 풍장이란다

바람에 뼛가루를 뿌려 날리는 것이
풍장이라 생각했다

바람에 말을 얹는 것이
시라고 누가 내게 말해줬다

말의 풍장이 시라고 생각했다

풍장 하면 떠오르는 시인이 있다
그를 처음 만났을 때
우리 할머니를 닮았다고 생각했다

지금 보니
종로통 인기 양복사였던
우리 할아버지를 닮았다

미인 양복사보다 미인 시인이
오래 살아 아껴 쓴 말이 풍장이었다

내 인생에 풍장이란 말
쓸 일이 많지 않으나
그나마도 나하고 인연이 아니다

오늘이 풍장이란 말 쓰는
마지막 날이라 생각하고
오늘이 나의 풍장이 시작되는
첫날이라 생각하고

풍장 풍장 풍장
거참 실컷 풍장 하였네

혼자 착각하고
홀로 미소 짓는다

화이트 노이즈

제임스 웹 우주망원경으로 본
은하들은 다 자그만 술잔처럼 보인다

태초에 건배가 있었다

존재의 다발을 아무렇게나
난장판 술판에 풀어놓은

잠이 안 올 때는
가만히 귀 기울인다

밤하늘을 비틀비틀
영원히 배회하는 거인의
긴 한숨 소리

귓바퀴를 맴돌아 술처럼 고인다

취생몽사인가

몽생취사인가

아무렴 어떠한가

웅크려 잠든 그 모습이

멀리서 보면

난쟁이별처럼 안쓰럽다

3부
서로의 안녕을 모르는 일

질투는 나의 힘

나는 예술가 가족을 시기하지
나는 시인이 되기 위해
홀로 분투해야 했거든

나의 착한 동생들은
내 책을 꼼꼼히 읽고
따끔한 논평도 해주지
심지어 새 책이 나오면 축하 파티도 열어주지

하지만 그들은
내가 시인으로만 살아갈까 걱정하지
그들은 진지하게 말하지
시는 직업이 될 수 없어

예술가 가족에게 파티는 필요 없지
그들은 저녁 자리에서 무심히 말하지
아 참 나 다음 주에 책이 나와
우연이군 내 전시도 다음 주에 열리거든

이런 또 다른 우연이군 내 공연도 다음 주야

하지만 우연이 아니지
출간과 전시와 공연과 인터뷰
옷장 속에 다림질도 없이 걸린 맞춤 정장
그들이 와인잔을 부딪치고
치즈 덩어리를 여러 조각으로 나눠 먹는 장면까지
전부 가족사에 무수히 반복돼 온 레퍼토리인 게지

돌아가신 나의 아버지는 문학을 좋아했지
서재엔 전집이 가득했고 가끔 시도 쓰셨지
나는 아버지가 쓴 책을 꿈에서만 봤지
페이지를 넘길 때마다
술 냄새와 담배 연기와 기침 소리가 터져 나왔지

나의 착한 어머니는
내 책이 나오면 반드시 끝까지 다 읽고
어땠어요 물으면

내가 뭘 알겠니 하면서
아버지가 좋아하셨을 텐데, 라고 꼭 덧붙이지

하지만 나의 어머니는
내가 시인으로만 살아갈까 걱정하지
어머니는 내게 정색하고 말하지
시는 취미로만 써야 해

나는 예술가 가족을 시기하지
그들은 서로를 있는 그대로 사랑하고
저녁 모임에선 자신의 일을 자연스레 이야기하지
적당히 격려하고 적당히 놀리고
부와 명성에 대해선
절대 심각하게 이야기하지 않지

그들은 해외 투어나 전시 때
방문한 공원과 책방
도시마다 다른 포도鋪道의 돌 크기와 모양

귀국길에 옆자리의 승객과 나눈
농담에 대해 더 열띠게 대화하지

나는 예술가 가족을 시기하지
나는 시인으로 살아가려고
홀로 분투해야 했거든

예술가 속에서 태어나
예술가로 살다
예술가 속에서 죽는
그런 가족은 세상에 너무 희귀하지만
나의 착한 가족들이 그런 가족이었으면
바라지도 않지만

나는 예술가 가족을 시기하지
그런 가족을 기준으로 삼으면
나의 고독한 분투는
뜨거운 질투의 힘으로

죽을 때까지 이어질 것 같아서지

ㄴ 기형도의 시 제목.

아픈 몸이 아프지 않은 쪽으로

주말에 동네를 걷다 보면
가게들은 문 닫고
인적은 드물고
까치가 울고
개가 짖고
아무도 눈길을 주지 않고
고요해서 좋다
혼자라서 좋다
생각한다

나의 영혼은 오늘따라 깨끗하니
새처럼 깍깍하고
개처럼 멍멍하고
실없이 흥얼대고
철없이 칭얼대도
그동안 애썼노라
참으로 애썼노라
조건 없이 위로받을 만하다

아픈 누나에게서 문자가 왔다
입원실 창밖에
까치가 집 짓는 광경을 보며 견딘다
애썼어요
이 말을 아픈 누나에게
그러면 착한 누나는 까치에게

나는 행운 따위 믿지 않으면서
다 잘될 거예요
누나에게 문자를 보낸다
우리 여행을 가요
숲새, 박새, 참새처럼
예쁜 이름의 새들이
서로에게 융숭하고
까치보다 작은 새들이
까치집에 깃드는 곳으로
아픈 몸이 아프지 않은 쪽으로

알처럼 웅크리는 곳으로

왜 슬프지 않지 속으로 말하니
슬퍼진다 갑자기
왜 슬프지 속으로 말하니
할 말이 없어진다
깍깍대고 멍멍대고
흥얼대고 칭얼대면
내가 나 자신에게
몰래 돌본 아기새 같아 어색하다
그럴 때 나는 홀로 산책을 하고
잡음 없이 깨끗한 평화와
침묵 가득한 기원을 담아
애썼어요
나 자신에게
존댓말로 혼잣말을 하는 것이다

아픈 누나에게 문자를 보낸다

걱정 말아요

우리가 여린 손으로 짠

이 성긴 둥지가 삶이라면

거기는 까치보다 작은 새들이

넉넉히 깃들어

덜 무거운 날개로

덜 애쓰며 살아가겠죠

우리 여행을 가요

거기서 생로병사로 사행시를 지으며

설익은 밥을 맛나게 먹고

슬픔이 별빛처럼 일목요연해질 때까지

멍멍대고 깍깍대고

흥얼대고 칭얼대다 보면

작은 새들처럼 나란히 누워

부리를 꿈속에 박고 까무룩 잠이 들겠죠

애썼어요

내가 아팠을 때

이 말을 나에게 해준 사람에게
누나가 나에게
내가 누나에게
누나가 까치에게
큰 새가 작은 새들에게
아픈 몸이 아프지 않은 쪽으로
웅크려 눕는 목숨들에게
지금 여기
그리고 영원에게
가녀린 축복을
한없이 가녀린 축복을

재회

친구야 왜 이곳에 돌아온 거니
우리가 태어나지 않은 곳
대를 이어 가난하게 살지 않은 타향
죽도록 미워한 이가 새 시장인 이 도시에
우리는 책 속에 혁명으로 나라를 세우고
거기 숨어 살아야 했는데

친구야 우리는 모닥불 앞에서 낄낄 웃었지
너는 지금의 아내인 그녀를 위해 개다리춤을 췄지
나는 기타를 치며 미리 성혼가를 불렀지
우리가 썼던 선언문들을 불쏘시개로 쓰며
괜찮아 한 글자도 빠짐없이 다 기억해
허풍을 떨며 혁명가를 부르며
남은 인생 위장 취업을 위장하자 했는데

친구야 왜 이곳에 찾아온 거니
우리는 집도 사고 아이도 낳고
남몰래 행복하고 부끄럽기로 했잖니

서로의 안녕을 모르는 일
그게 그나마 다행이라고 생각했잖니

친구야 왜 나를 다시 찾는 거니
나는 너와 나눌 한 줌의 회한도 없는데
우리는 아버지들의 부고도 나누지 않았고
동지의 장례식에서도 마주치지 않았잖아
아버지, 동지, 그 사내들
다 일찍 떠난 머저리들이었잖아

친구야 네가 내게 보낸
그 낭만적인 편지를 밤새 읽는다
친구야 네가 내게 건넨
그 쓰디쓴 독주를 이제야 홀짝인다

친구야 이거 봐라
새벽 어스름 해진 혓바닥처럼 누운
이 한없는 무의미를 봐라

사라진다

온 생애가

지나온 것과 남은 것 전부

목전의 무저갱으로 빨려 들어간다

친구야

우리의 우정은 진작에 끝났거늘

너는 왜 이제야

내 이름을 애타게 부르는 거니

스물

스무 개의 어깨에 기대
스무 개의 겨드랑이를 간질였지
첫 키스는 스무 개의 레몬을
한꺼번에 씹는 맛과 같았지
애인을 스무 명 사귀었지만 신기하여라
이별은 스물의 스무 배는 더 했지
내 나이 스물에 두 배 하고도
스물에 반에 반을 살았지
한 번 더 스물을 살고 나면
시도 그만 쓰고 연애도 그만하고
명아주처럼 이름이 예쁜 식물이나 키워야지
생각하며 걷노라면 이 밤의 산책은
평소보다 한결 스무드하지
내가 지금껏 밟았던 모든 발걸음들
스물로 곱하건 나누건 아무 의미 없겠지
오늘은 오월의 스무 번째 날이라
마음이 스무 평 남짓 넉넉해져서
탄천에 사는 잉어 스무 마리에게

스무 개의 새우깡을 던졌는데

한 마리가 다 먹고 나머지 녀석들

밤의 물결을 따라 스물스물 사라졌지

빛의 붕대를 풀고 또 풀어도

달이 감춘 황금 호수 따위는 없듯

인생은 스무 번의 낙담 뒤엔 그냥 살아지는 거지

내가 스무 번 넘게 말하지 않았던가

인생은 첫 번째 행복이 천국이라고

스무 번을 고쳐 말해도

사랑한다는 말은 결국

스무 살 첫말이 진실이라고

말년의 양식 2

　나는 줄곧 이리 살아왔습니다 점과 주름의 악다구니에 육신을 내준 지 오래이지요 은퇴한 학자풍으로 그대는 어떻게 살아가시오 묻는 나는 그저 하얗고 부드러운 강아지 털을 어루만지는 기분으로 대답을 기다릴 뿐이지요 이 은은한 기분이 행복이라면 행복이고 취기라면 취기이고 사랑이라면 사랑입니다

　오늘 저녁의 안개는 너른 대지를 달려와 고요한 숨결로 내 눈을 어루만지고 있습니다 음습하고 무섭기 짝이 없지만 이럴 때 그대가 내 손을 잡아준다면 견딜 만하겠습니다 우리가 젊은 시절에 그리했던 것처럼 이 못난 것아, 이 못난 것아, 나를 불러주시면 더욱 좋겠습니다

　자신의 존재가 분명 어딘가에 다가가는구나 느끼는 것이 노년이라 합니다 많은 이들을 보내고 보냈는데 나는 죽음이 여전히 막연하답니다 때로는 전쟁 중이었고 때로는 기차를 놓쳤고 때로는 아무 예고 없이 그들이 떠나갔지요 하품이 당연치 않고 선잠이 익숙해질 즈음 나는 마지막 날의 기분을 짐

작할 수 있을까요

　이 비밀스런 여정에서 나는 언제 스스로에게 노인이 될 수 있을까요 나는 언제 거울 속 자신의 얼굴을 그윽하게 바라볼 수 있을까요 내가 오늘 보고 느낀 사람과 사물 들을 그대에게 그대로 전합니다 유언이 아니지만 유언일 수도 있겠습니다 그 정도로 나는 아주 어두운 무언가에 가까이 있습니다

　나는 강아지의 숨소리를 들으며 잠자고 강아지의 기침 소리에 잠이 깹니다 나는 강아지에게 잘 잤니 속삭이고 배달부에게도 문 앞에 놓고 가세요 속삭입니다 나는 이제 속삭이는 것 외에는 말하는 방법을 모르겠습니다 이 은은한 기분이 말년이라면 말년입니다 다시 말하지만 나는 아주 어두운 무언가에 가까이 있습니다

　나는 눈을 감고 입을 다물겠습니다 그대는 내게 수많은 방식으로 말합니다 그중 하나의 방식으로 이 못난 사람아, 이 못난 사람아, 나를 불러주세요 그리고 내 손을 꼭 잡아주세

요 남은 인생을 어떻게 살아갈 것인지 들려주세요 부디 그대의 꿈을 책처럼 펼쳐주세요 책 속 글자들이 나란히 정렬한 별처럼 보일 때까지 그대의 꿈을 읽고 또 읽겠습니다

절망은 끝까지 그 자신을 반성하지 않는다

그들은
노구의 피아니스트가 쇼팽의 녹턴을 연주하는 모습에 눈물을 흘린다
그는 수용소에서 살아남아 수십 년 만에 고향으로 돌아와
자신을 반기는 관객 앞에서 연주한다 그들은
건반 위를 고요한 물결처럼 흐르는 연주자의 주름진 손에서 눈을 떼지 못한다

그들은
와인 모임에서 만난 이들과 가끔 테니스를 친다
항상 전날 빨아 잘 말린 하얀 옷을 입고 코트에 나선다
우레탄 바닥을 달릴 때 나는 뽁뽁 소리는 뭔가 중독적이라고 농담을 한다

그들은
우아한 귀족 운동인 테니스에 비교하면
스코틀랜드 양치기들의 소일거리에서 유래한 골프는
미국 마초들의 땅따먹기 놀이라며 낮춰 본다

그들은

지성과 예술에서는 유럽이 미국을 압도하지만

윌리엄 포크너의 소설은 예외라고 본다

셰익스피어가 『맥베스』에서 언급한 '소리와 분노'라는 구절을

  포크너처럼 과감하게 재해석한 작가는 앞으로도 없을 거라고

  그가 프랑스에서 가장 사랑받은 미국 작가가 된 데는 다 이유가 있다고 논평한다

그들은

시가 예술의 정수라고 믿는다

특히 김수영의 시를 아껴 읽는다

그의 시에서 타락하고 비루한 세상살이의 면모를 실감한다

그들은 시인이 요절하지 않고 살아 있었더라면 노벨상을 받았을 것이라 탄식한다

그들은

대체로 온화하지만 간혹 분노한다

특히 계엄이 선포되고 해제된 날 화가 났다

대통령의 탄핵이 결정된 날에도 너무나 화가 났다

그들은

대통령에게 바친 생일 축하 노래를 함께 듣는다

그 노래의 원곡은 뮤지컬 〈렌트〉에 나오는 〈사랑의 계절〉이다

〈렌트〉는 푸치니의 〈라 보엠〉을 현대판으로 재창조한 것이다

그들은 감옥에 갇힌 대통령의 삶이

평생 외골수 외톨이로 전전해 온 보헤미안 같다며 애통해한다

그들은

이제 행동에 나설 때라고 결심한다

그들은 거리로 달려 나가

그들이 그토록 멸시했던 군중과 한 몸이 된다
거기서 대통령 석방을 목청껏 외친다
그들은 살아 있음을 느낀다
그들은 외친다
사랑을 기억하라!

그들은
헤어질 때 다음 와인 모임은 헌법재판소 앞에서 잡자고 결의한다

그들은
집으로 돌아오는 길
엄마 손을 잡고 뒤뚱거리며 골목을 뛰어가는 아이를 보고 가슴이 벅차오른다

그들은
귀가한 주인을 맞이하며
배를 뒤집고 꼬리를 흔드는 강아지에 환한 미소를 짓는다

그들은

대통령이 즐겨 하는 걸 보니

골프도 테니스만큼 고급 운동일 수 있겠다고 농담을 한다

그들은

오늘 밤만큼은 와인 말고 위스키를 홀짝이며

한강 위 밤하늘에 또렷이 박힌 개밥바라기를 응시하며 생각에 빠진다

인생은 어쩌면 아름다울 수도 있겠다고

사랑을 기억하는 한

인생은 아직 견뎌낼 만한 것이라고

↵ 김수영의 시 「절망」의 마지막 행.
↵↵ 노래 〈사랑의 계절〉의 후렴구.

부잣집 아이

 우리 집 서재는 빛이 좋아 어머니는 단감을 익히고 시래기를 말리고 책상 위엔 옥스퍼드 사전과 헤밍웨이가 놓여 있었지 나를 짝사랑했던 후배는 아버지 장례식장에서 말했지 오빠 실망이에요 시인이 이리도 화환이 많다니 그러게 말이다 부잣집 아이가 시는 무슨 시 남 이야기 아니고 오빠 이야기예요 그래 이제 시는 그만 밤에 잠도 안 자고 건강 해친다 쉰 넘은 아들을 힐난하는 여든 넘은 어머니는 올 성탄에도 포인세티아를 선물 받아 소녀처럼 행복했지 이 이파리는 어떻게 빨간색을 얻었을까요 빨가니까 빨갛지 이유가 어딨어 배시시 웃는 어머니는 아버지 장례식장에서 말했지 왜 그리 친구가 없니 꽃만 많고 사람이 없네 그러게 말이에요 부잣집 아이가 시를 쓰면 동창들은 멀어지고 시인들은 외면하네요 네 이야기가 아니라 네 애비 이야기다 우리 집 처마는 볕이 좋아 제비가 둥지를 틀고 식모 이모는 마당에 떨어진 새똥을 닦으면서 잡것들아 내년엔 오지 마라 욕을 했지 다음 해 이모도 안 오고 제비도 안 오고 생각해보면 몰락은 그렇게 시작했지 나는 궁금하네 이 삶이 축복이라면 축복은 언제 빛을 거두는가 우리 집 안방은 빛이 좋아 어머니는 참깨 들깨 말리고 TV 보며 스웨덴 실로 뜨개질을 하지 강아지가 밟으면 안 된다 강아지 못 들어오게 해라 그러게 말이에요 이 말썽꾸러기 말 좀 들어라 사룟값이 얼만데 나는 궁금하네 나는 왜 시를 쓰나 왜 이토록 달콤한 인생에 불행의 알갱이를 흩뿌리나 이 삶이 저주라면 저주는 언제 그림자를 거두는가 강아지 또 들어왔다 이놈의 강아지 말썽꾸러기 강아지 이리 오렴 내가 안아줄게 나랑 산책 가자

나의 얼음 마녀를 떠올리며

유학 시절 도서관에서 아르바이트를 한 적이 있다. 책 먼지 때문에 천식이 도져 고생을 하기도 했다. 숨을 쌕쌕거리며 책이 산더미처럼 쌓인 책수레를 밀면서 서가 사이를 돌아다니곤 했다. 사서였던 보르헤스는 책 때문에 눈이 멀었다는데 나는 책 때문에 숨이 멎을 것 같았다. 보르헤스의 병과 죽음은 신화가 되었다. 하지만 그때 내가 죽었다면 그 소식은 교포들이 읽는 미주 한국 신문 사회면 구석에 손바닥만 하게 기사화됐을 것이다.

"병약한 한국 유학생 도서관에서 책수레 밀다 호흡곤란으로 심정지"

그러던 어느 날 19세기 말에 출간된 고서 한 권을 서가에서 발견했다. 그 책은 리본으로 정성 들여 묶은 종이 상자 안에 담겨 있었다. 조심스레 상자를 열어 책을 펼쳤다. 마녀에 관한 책이었다. 마녀들을 화형시키는 장면을 그린 삽화에 눈이 머물렀다. 그러다 실수로 책을 떨구고 말았다. 퍽 하는 소리와 함께 먼지가 폴폴 일어났다. 마침 창문을 통과한 오후의 햇살이 사선으로 도서관 바닥을 때리고 있었다. 햇빛에 난반사된 책 먼지 입자가 발치에서 마법의 가루처럼 반짝이며 떠다녔다. 신비롭다는 느낌까지 들었다. 책을 집으려 허리를 숙이는 순간 먼지 일부를 들이마셨는지 천식 발작이 일어났다. 책을 제자리에 놓는 둥 마는 둥 토악질 같은 기침을 연신 해대며 도망치듯 도서관을 빠져나왔다. 도서관 앞 벤치에 앉아 흡입제를 허겁지겁 빨아들여 겨우 몸과 마음을 진정시킬 수 있었다. 호흡을 가다듬는데 문득 기사 제목 하나가 떠올랐다.

"병약한 한국 유학생 도서관에서 19세기 마녀에 관한 고서로부터 유출된 백 년 묵은 먼지를 흡입한 후 천식 발작으로 심정지"

집에 돌아온 나는 그날 밤 망상에 사로잡혔다. 어쩌면 그 먼지에는 무슨 악령 같은 것이 깃들었을 수도 있어. 혹여 저주에 걸린 것이 아닐까? 온몸이 불길에 휩싸인 환각에 시달리며 뜨거워, 너무 뜨거워! 고래고래 외쳐대고 미친 사람 취급을 받다 죽어버리는 것이 아닐까? 식은땀이 나고 심장이

뛰었다. 꿈에 마녀가 나올 것 같아 잠을 이룰 수가 없었다. 한동안 나는 불안과 불면에 시달렸다. 얼마 후 도서관 일을 그만뒀다. 무사히 학업을 마치고 졸업을 한 것으로 보아 저주에 걸리지는 않았던 것 같다. 하지만 한국에서의 삶이 평탄치 않을 때마다 마음고생을 할 때마다 나는 바보 같은 망상에 또다시 사로잡혔다.

사실 난 그때 마녀의 원한이 씌워진 저주에 걸렸던 거야. 한국인한테 들어가버렸으니 악령도 당황했을 거야. 윗더퍽! 했을 거야. 도대체 주변에 뭔 소리고 뭔 일인지 모르니 어떤 저주를 어찌 내려야 할지 헷갈렸을 거야. 그러니 내 삶도 좌충우돌 엉망진창이 돼버린 거지. 내 불우와 불행에는 도무지 일관성이 없는 거지. 점집에 가도 점쟁이가 무슨 말을 하겠어. 당신 등 뒤에 웬 백인 여자가 서 있어. 동그랗게 토끼눈을 하고 어깨를 으쓱하며 뭐라 하는데 하나도 못 알아듣겠네. 이런 황당한 시츄에이션이 벌어질지도 몰라.

사실 내 안에 19세기 이국의 마녀가 살고 있다는 이야기를 들려주고 싶은 사람은 따로 있다. 바로 나의 박사 지도교수이다. 그녀는 평생에 걸쳐 19세기 프랑스 문학을 공부했다. 당연히 프랑스어에 능통했다. 한번은 나랑 면담을 하는 도중에 전화가 왔는데 상대방과 프랑스어로 유창하게 대화를 하는 것이었다. 꽤 길게 이어진 그녀의 통화를 뻘쭘히 듣는 동안 나는 그녀가 내 앞에서 프랑스 시를 낭독하고 있다고 상상하며 지루함을 달랬다. 그 정도로 그녀의 프랑스어는 아름다웠다. 그녀는 늘 우아하고 도도했으며 별명은 얼음 마녀였다. 그녀는 논문보다 자기 고향집의 장미 정원에 대해 더 길게 열정적으로 이야기했다. 내가 논문 작업을 한 원고를 검토해달라 제출하면 얼마 후 그녀는 빨간펜으로 꼼꼼히 교정한 원고를 돌려줬다. 나는 생각했다. 원고를 봐달라 했더니 내 글을 자기 정원처럼 가꿔버렸네. 맘에 안 드는 곳은 죄다 가지치기를 하고 장미 꽃송이를 문장 사이사이마다 심어놓았네. 그녀는 내게 말하곤 했다.

"뽀숑, 나는 아직도 19세기에 살고 있어. 나는 이곳에 속하지 않아."

그녀는 나를 "뽀쏭"이라 불렀다. 무슨 프랑스 귀족이 고용한 광대 이름 같았다. 실제로 그녀가 뽀쏭, 하면 나는 광대처럼 억지 미소를 짓기도 했다. 하지만 어느 누구도 내 이름을 그토록 고상하게 잘못 부르지 않았기에 나는 그녀의 발음을 굳이 교정하지 않았다. 그녀는 2018년에 세상을 떴다. 코로나가 시작되자 지병을 앓던 그녀의 건강이 염려가 돼 검색을 했더니 부고를 찾고 말았다. 그녀가 살아 있었더라면 나는 그녀에게 말했을 것이다.

"교수님, 내 안에 19세기 미국 마녀가 살고 있어요. 호기심으로 책 한 권을 잘못 펼친 후 벌어진 일이에요. 하지만 그 때문에 인생이 최악으로 치닫진 않았어요. 가끔 나쁜 일이 터지고 삶이 꼬이고 그 때문에 번민하고 괴로워하기도 했지만 이건 다 내 안에 미국 마녀 탓이야 자기도 고향 땅을 떠나 말도 안 통하는 타국 생활에 적응하느라 힘들었겠지 21세기 최첨단 한국에 19세기 미국 마녀라니 불쌍하기도 해라 그리 생각하면 이상하게 위안이 됐어요."

내가 그렇게 이야기하면 지도교수는 웃으며 말했을 것이다.

"뽀숑, 무슨 바보 같은 소리야."

부고에는 내가 몰랐던 지도교수의 삶의 편린이 담겨 있었다. 내가 알던 얼음 마녀의 이미지와는 제법 거리가 있었다.

"어린 시절 글로버스빌의 리타우어 수영장에서 인명 구조원으로 일하던 시절부터, 여름 방학 동안 글로버스빌의 집에서 장미를 가꾸고, 남편 로버트와 함께 긴 저녁 산책을 하며, 동네 친구들과 활기찬 대화를 나누던 최근까지, 프리실라 퍼거슨은 글로버스빌에서의 삶이 주는 기쁨을 만끽했다."

↳ Nathan Littauer Hospital & Nursing Home. (2018, December 31). Priscilla Parkhurst Ferguson Orbituary. NLH(https://www.nlh.org/priscilla-parkhurst-ferguson-obituary) ChatGPT로 일부를 번역하고 수정했다.

세계 시의 날 다음 날

나는 세계 시의 날이 못마땅하다. 한날 한목소리로 시를 기념하는 일이 오히려 시 정신에 반한다고 생각한다. 세계 시의 날은 시를 무슨 멸종에 처한 희귀 보호종 취급하는 것 같다. 천만의 말씀. 시야말로 인류가 유구히 전승해 온 속삭임과 절규와 노래와 독백이 아니던가.

시는 세계 시의 날 같은 호들갑 없이 번성할 것이다. 아니 그래야만 한다. 세계 시의 날이 있어야 한다면 그것은 동시에 세계 모든 것의 날이자 세계 아무것의 날이자 세계 아무것도 아닌 것의 날이자 세계 별의별 것의 날이자 세계 똥의 날……

오호 통재라, 세계 시의 날이라니. 소동파가 동파육을 삶다 말고 솥을 엎어버리고 황진이가 거문고를 퉁기다 말고 바닥에 후려칠 일이다. 시인들 중에 나와 생각이 같은 이들이 분명 있을 것이다. 이런 생각을 해본다. 나는 그들과 함께 세계 시의 날에 집단 절필을 선언한다. 전 지구적 차원에서 시의 파업 사태를 벌이는 것이다.

나는 시인들에게 말한다. 세계 시의 날에 항의하는 뜻을 모아 우리 모두 오늘 하루 시 쓰기를 작파합시다!

하지만 시인들 중 어떤 이들은 이렇게 말할 것이다. 당신 뜻에 동의한다. 하지만 사실 나 요새 시 거의 안 써서 굳이 안 쓰겠노라 선언하는 게 좀 그렇다. 시인이란 족속은 워낙 게을러서 오늘 할 일은 내일로 미루고 오늘 쓸 시는 다음 달로 미루기 일쑤다. 또 어떤 이들은 이렇게 말할 것이다. 당신 뜻에 동의한다. 하지만 내 친구들 나 시 쓰는 거 모른다. 내가 소셜 미디어에 오늘은 시 안 쓰기로! 그러면 친구들이 너 시 썼니? 할 것이다. 시인이란 족속은 자의식이 워낙 괴이해서 시 쓰는 것은 부끄러워하고 시 안 쓰는 것은 더 부끄러워한다.

그런데 시를 작파하리라 생각을 하니 시가 더 쓰고 싶어진다. 나란 인간은 워낙 변덕스러워서 해야지 하면 안 하고 싶고 하지 말아야지 하면 하고 싶다. 정말이다. 영감이여, 오지 마라, 나는 너를 거부한다! 하자마자 영감이 머리 위로 장대비처럼 쏟아진다. 아아, 시 쓰고 싶어 미치고 환장하고 팔

딱 뛰겠다. 참으로 오랜만에 동하는 시심이 아닌가!

어쨌든 혼자라도 다짐은 했으니 나는 세계 시의 날 시 쓰고 싶은 마음을 꾹꾹 눌러 참는다. 그러면서 하루 종일 빈 모니터 화면을 눈앞에 두고 앉아 기다린다. 기다리고 또 기다린다. 그러다 열두 시 땡 하자마자 나는 쓰기 시작한다. "세계 시의 날 다음 날"이란 제목의 시를. 제목 이후 진도가 안 나가는 시를. 밤새 꾸역꾸역 쓰면서 이게 시야 똥이야 투덜거리는 시를. 결국 다 못 쓰고 침대에 누워 천장만 바라보다 아아, 시고 똥이고 뭐고 다 때려치우고 싶다아아, 장탄식이 터져 나오는 시를.

유서체의 전설

붓글씨 가운데 유서체라는 것이 있다고 전해진다
사람이 숨을 거두기 직전 나타났다 사라지는 필체라 한다
죽는다고 다 쓸 수 있는 것은 아니라 한다
살아 있을 때 유서체를 깨우친 이가 시인이 된다 한다

(이 전설을 담은 고대 중국의 한시를 아래 옮긴다)

筆道相傳名遺書(필도상전명유서)
臨終一現轉瞬無(임종일현전순무)
非因將逝皆能書(비인장서개능서)
唯悟其眞可成儒(유오기진가성유)↘

↘ ChatGPT의 도움을 받아 번역과 수정을 했다.

문학 공동체

소설가들은 하루에 얼마나 많은 문장을 쓸까
시인들은 하루에 한 문장도 쓰지 못할 때가 허다하다
출판사 사장의 집에 초대를 받았다 치자
그는 당신을 서재로 이끌고는 잠시 기다리라 한다
당신은 서재 한가운데 책상에 앉아 있다
당신이 그 위에 놓인 물건 하나하나를 관찰하기 시작한다
돋보기, 붓, 전등, 탁상시계, 윌리엄 블레이크의 판화집
당신은 몰래 책상 서랍을 하나하나 열어본다
당신이 소설가라면 노트를 펼쳐 문장을 쓰기 시작한다
책상 서랍은 여덟 개인데 모두 비어 있었다
이해할 수 없다
책상 위에는 잡동사니들이 놓여 있는데
서랍은 텅텅 비어 있다니
이 서재 주인의 취향에는 분명 의심스러운 구석이 있다
당신이 시인이라면 어떠할까
물건들을 살펴보고 책상 서랍을 열어보다
어느 하나 당신의 흥미를 끌지 못하자 이내 지루해진다
어서 이 방을 빠져나갔으면 한다

지루함을 이기기 위해 어젯밤 꿈을 떠올린다

기억도 잘 나지 않는 그 흐릿한 꿈을

그러나 지루함을 이기기 위해 억지로 노트에 쓴다

나는 꿈속에서 수백 개의 분자로 쪼개져

무의식의 미망 속으로 흩어졌다

그리고 생각한다

뭔 개소리야 완전 쓰레기네

당신은 이제 지루함에 더해 수치심까지 느낀다

소설가에게 타인의 서재는 넘쳐나는 기회의 장이다

시인에게 타인의 서재는 깊이 모를 잡념의 늪이다

그때 출판사 사장이 방문을 열고 들어온다

그는 소설가에게 이렇게 말한다

뭘 그렇게 또 열심히 쓰는 거야?

시인에게는 이렇게 말한다

뭘 그렇게 또 골똘히 생각에 빠진 거야?

   그는 미소를 지으며 들고 온 고급 위스키를 책상에 내려놓는다

   여기서부터는 당신이 소설가이건 시인이건 상관없다

여기서부터는 기나긴 술의 시간
무슨 말이 나올지 무슨 일이 터질지
다음 날 당신이 과연 뭘 기억하고
어떤 이야기를 시작할지 아무도 모른다

쿠오 바디스 도미네 Quo vadis Domine☾

달아나야지

저 멀리 뛰어가야지

발버둥 치며

안간힘 쓰며

목줄을 당기는 개

하지만 목줄을 풀면

제자리에 앉아 가만히

주인을 바라본다

쿠오 바디스 도미네

갈 곳 잃은 베드로처럼

낑낑거리면서

☾ 로마의 박해를 피해 도주하던 베드로가 예수의 환영을 만나 그에게 던진 질문으로 "주여, 어디로 가시나이까?"라는 뜻의 라틴어다.

산문

산책 다녀왔으니 이제 시 쓰자

오랫동안 시 쓰기를 중단했다. 그 이유에 대해 왈가왈부 이야기하고 싶진 않다. 어쨌든 시에 관해서라면 나는 나태하고 무심했다. 다만 언젠가는 다시 시를 쓰겠지 하는 마음으로 오랜 '절필(?)'의 시기를 감내하고 있었다는 점만 밝힌다.

2024년 12월, 연구년을 앞두고 있었다. 이제 다른 일은 제쳐두고 시 쓰기에 몰두할 수 있을 것이라 내심 바라고 있었다. 2025년 3월로 예정된 시집 원고의 마감도 지킬 수 있을 것이라 자신했다. 나는 시집에 들어갈 시들을 12월이 돼서야 '자, 이제 쓰자!'라고 스스로를 재촉하며 쓰기 시작했다. 하지만 아뿔싸, 세상일은 생각대로 흘러가지 않는다. 계엄이 터진 것이다. 그러니까 이번 시집에 실린 다수의 시는 내란의 소용돌이 가운데 쓰인 것이라 할 수 있다.

21세기 한국에서 대통령의 친위 쿠데타가 벌어졌다. 무장한 군인이 헬기에서 내려 시민의 저항을 뚫고 국회를 침탈했다. 이 사태는 "잘 생각해보면 우리는 지금 지옥에 살고 있다고요" 식의 지성적 호소를 필요로 하지 않는다. 지옥문이 눈

앞에서 하나의 사실로 아가리를 벌린 것이다. 나는 사람들이 죽을 거라는 공포에 사로잡혔다. 나를 비롯해 내가 아는 사람들이 죽을 수 있다고 생각했다.

친구와 동료 들이 그러하듯 나 또한 요동치는 시국에 감정과 생각이 동요하였다. 하루 종일 불안과 분노와 슬픔에 시달렸다. 나는 집중력을 잃었다. 감각과 생각이 온통 내란 사태의 전개에 맞춰 돌아갔다. 게다가 나라 전체가 혼란스럽고 위태로운 마당에 방구석에 처박혀 '시 나부랭이'를 쓰고 있다는 것도 마뜩잖았다.

마음과 내란이 단단히 결박돼 있었기에 나는 짬짬이 시를 쓸 수밖에 없었다. 유튜브를 시청하다 멈춤을 누른 후 시를 끼적였다. 그렇게 시를 쓰다 다시 동영상을 시청하고 그러다 멈춤을 누르고 또다시 시를 쓰는 식이었다. 이번 시집에 수록된 시들은 말 그대로 쓸 수 없음과 쓸 수밖에 없음 사이의 쉼 없는 왕복 운동의 결과물이라 할 수 있다.

왜 시를 써야만 했는가? 첫 번째 이유는 물론 출판사와의 약속 때문이다. 몇 년 동안 계속 마감을 미뤄왔다. 이번에는 반드시 원고를 넘겨야 했다. 물론 두려움도 있었다. 만약 탄핵안이 기각된다면? 쿠데타가 성공한다면? 민주주의가 무너졌는데 과연 시집을 세상에 내놓을 수 있을까? "프로젝트는 예정대로, 커리어는 중단없이", 그렇게 시집을 출간할 수 있을까? 나는 생각했다. 책을 내야 한다. 나는 시를 써야 한다. 하늘이 두 쪽이 나도 나는 더 약속을 미룰 수 없으며 책임을 방기할 수 없다.

시를 써야만 했던 두 번째 이유는 첫 번째 이유에서 시를 쓰는 과정에서, 출판사와의 약속을 지키기 위해, 시를 써야 하니까 쓰는 과정에서 나타났다. 앞서 말했듯 나는 쓰다 말다 쓰다 말다 식으로 시를 썼다. 시만 그런 것이 아니었다. 모든 일상이 하다 말다 식이었다. 그러다 보니 역설적으로 시 쓰기를 포함한 일상의 모든 요소들이 보통 때보다 더 강한 엑센트를 가지고 마치 스타카토처럼 수행되는 것 같았다. 해야 해! 해내고야 말겠어!

시 쓰기도, 식사도, 설거지도, 청소도, 독서도, 운동도, 산책도, 외출도, 내란 사태 속에서, 삶의 부분 하나하나가 해야 하는 일이 되었다. 살아가지 않는다면, 삶을 이루는 일들을 과업처럼 수행하지 않는다면, 내 영혼은 외부의 힘에 휩쓸리고 짓눌려 파괴될 것만 같았다. 모든 것이 해야 하는 과업으로 미분되자 살기와 쓰기는 평등해졌다. 어떤 것도 어떤 것보다 우월하지 않았다.

각각의 활동이 실질적으로 기여하는 것이 무엇이냐—건강? 체면?—의 차이조차도 흐릿해졌다. 시집을 내지 않는다면 시인으로서 내 커리어는 심각한 위기에 처할 것이었다. 하지만 나는 나 자신에게 이렇게 호소하며 사태를 감내했던 것만 같다. 자 이제 저녁 먹자, 그래 잘했어, 저녁 먹으면서 뉴스 보자, 너무 오래 보지는 말자, 그래그래, 이제 산책하러 가자, 하루에 만 보는 걸어야지, 그래 잘했어, 산책 다녀 왔으니 이제 시 쓰자, 한 편 더 쓰자, 그래그래, 잘했어, 이제 자자, 아니 좀만 더 쓰고 자자, 그래 그렇게 하자, 이제 일어나자, 아침도

먹어야지, 커피도 마셔야지, 삼시 세끼 챙겨 먹어야지, 오늘은 외출도 하고 그래야지, 그래그래, 계속 그렇게 하는 거야.

내란의 한가운데 시를 쓰면서 나는 마냥 행복했나? 그렇지 않았다. 자유롭게 비판적으로 사유하고 상상하고 표현할 가능성이 현저히 줄어들 수 있다는 위협하에서 가까스로 살아가고, 가까스로 쓰고 있다는 느낌, 삶과 시를 과업으로 받아들이며 꾸역꾸역 수행하고 있다는 기분은 순수한 행복감과는 거리가 있었다. 삶/쓰기는 분주했고 번잡했고 버거웠다. 삶/쓰기의 행복은 내란의 불길에 그을렸다.

삶과 시에 새겨지는 이 그을림의 무늬는 새로운 것이 아니다. 나는 오래전에 성마른 현실의 불길에 사로잡힌 채 수행되는 예술을 "그을린 예술"이라 정의한 바 있다. 이번 시집은 그을린 예술의 또 다른 예시에 불과할 것이다. 하지만 솔직히 고백하겠다. 이 시집의 준비 과정은 그 어떤 시집보다도 지난했다.

이 산문이 아니라면 훗날 독자들은 시집에 실린 다수의

시들이 내란의 한가운데서 쓰였다는 점을, 시집을 가로지르는 그을림을 인지하지 못할 수도 있다. 사실 이 시집에서 계엄을 직접적으로 언급하는 시는 단 한 편에 불과하다. 그 이유에 대해서는 여기서 언급하지 않는 것이 낫겠다. 솔직히 말하면 이 시집과 내란과의 '질적 상관관계'에 대해서는 나조차 잘 모른다. 그에 대해 왈가왈부하면서 독자들에게 시집에 대한 선입견을 주고 싶지도 않다.

하지만 나는 이미 왈가왈부하면서 선입견을 만들어버린 것 같다. 사실 나는 이 산문을 쓸까 말까 고심했다. 어쩌면 다음의 문장으로 족했는지도 모른다. 이 시집에 실린 대부분의 시들은 2024년 12월 3일 대통령의 계엄 선포에서 2025년 4월 4일 헌법재판소의 탄핵안 인용까지 전개된 내란 사태의 한가운데 쓰였다. 대통령은 파면됐다. 그러나 내란은 아직 종식되지 않았다.

이 시집에는 500권에 한정하여 출간한 낭독시집 『내가 누군가를 죽여야 한다면』(아침달, 2018)에 수록된 시 8편이 재수록되었습니다. 『내가 누군가를 죽여야 한다면』을 출간할 당시 수록된 시는 오로지 해당 시집에만 실릴 것이라 했습니다. 망설임과 고민이 있었으나 8편에 대한 애정과 그 시편들이 이번 시집을 통해 보다 많은 독자들에게 읽혔으면 하는 바람에 이 같은 결정을 내렸습니다. 그럼에도 독자들과 한 약속을 어겼다는 점은 분명합니다. 이에 독자들에게 죄송스럽다는 말씀을 드리며 양해를 구하고자 합니다.

발문

그을린 감정 속에서 써 내려간 문장들에 부쳐

이제니 / 시인

　심보선의 시는 언제나 인간의 내면과 사회적 시간 사이에서 사적인 슬픔과 공적인 울음을 고유한 진폭으로 그려내 왔다. 『네가 봄에 써야지 속으로 생각했던』은 이러한 진폭이 최대로 밀려 온 자리에서 쓰인 시집이다. 시인은 시집 말미의 산문에서도 밝혔듯이 이번 네 번째 시집을 "쓸 수 없음과 쓸 수밖에 없음 사이의 쉼 없는 왕복운동의 결과물"이라 말한다. 실제로 이 시집은 정치적 내란과 정국의 격변기 한복판에서 쓰였다. 시인은 '삶과 시를 과업으로 받아들이며 하나의 수행'을 하는 심정으로 분노와 슬픔과 결여를 한 편 한 편 악센트를 찍듯이 써 나간다. 무너진 일상 속에서 그는 '눈물', '기억', '불안', '사랑', '어둠', '침묵' 같은 관념적인 단어를 사용하면서 그것들을 하나의 추상으로 묶거나 단일한 의미로 강요하지 않는다. 그저 각각의 단어 위에 넘치지도 모자라지도 않은 온도와 결의를 있는 그대로 얹어 둔다.

　오랫동안 쓸 수 없었던, 그러나 쓸 수밖에 없는 언어의 기록은 시인의 이전 시와는 조금은 다른 방향으로 휘어진다. 감정의 표면을 조형적으로 조율하던 초기의 정제된 언어는 이제 '흐려지는 글자들'을 어루만지며 그 의미를 잠정한다. 반복, 중첩, 스타카토 리듬, 독백적 변주, 감정의 점묘화 등 이번 시집에서 발견되는 미학적 장치는 단지 형식의 실험을 위한 것이 아니다. 그것은 말 그대로 "엉터리 사랑" 속에서도 '완벽한 대화'를 해내고자 하는 감정의 투쟁이자, '무너진 문법' 속에서도 타인과의 감정적 공명을 잃지 않으려는 윤리적 선택이다. 그러하기에 이번 시집은 무수한 "그리고"의 연속으로 이루어진다. 이 끝없는 "그리고"라는 접속부사는 가닿을 수 없는 곳에 가닿으려는 지속적인 의지의 흔적이다.

정치적 폭력과 사회적 혼란, 개인적 고통이라는 겹겹의 절망 위에서 시인은 어떤 직접적인 고발도 선언도 하지 않는다. 계엄이라는 단어를 직접적으로 말하지는 않지만 거의 모든 시편들에서 종식되지 않은 내란의 암울한 정서가 암묵적으로 재현된다. 그는 더듬거리듯 더듬어가듯 이 시편들의 끝에서 숨을 고르며 눈앞의 사물과 감정들에 가만히 손을 얹은 채로 조용히 묻는다. 이 슬픔은 어디서 왔는가. 우리는 어디까지 버틸 수 있는가. 시는 무엇을 할 수 있는가.

그는 「형」(시집 『오늘은 잘 모르겠어』, 문학과지성사, 2017)이라는 시에서 시란 "두 번째로 슬픈 사람이 첫 번째로 슬픈 사람을 생각하며 쓰는" 것이라고 말한 바 있다. 그의 시에는 늘 타인의 고통에 응답하려는 다정한 간절함이 담겨 있다. 불안한 시대를 정면으로 응시하는 안간힘과도 같은 언어를 통해 우리는 동시대의 내면적 어둠을 비추는 거울 하나를 건네받게 된다. 「절망은 끝까지 그 자신을 반성하지 않는다」는 그런 방식의 대표적인 예시이다. 이 시는 기이한 이중 윤리를 살아가는 사람들, 분노와 동정을 병치하며 권력을 숭배하는 사람들을 비판적 유머로 그려낸다. 그러나 시인은 이를 단순한 조롱이나 비난으로 흘리지 않는다. 그 속에서 어떤 깨달음의 자리를 읽는 이들의 몫으로 남겨둔다. 「어떻게 해야 할까요」, 「나는 나의 아버지」, 「질투는 나의 힘」과 같은 시편들은 시적 화자의 불안정하고 파편적인 내면을 숨김없이 드러냄으로써 독자에게 감정적 공감 너머의 윤리적 연대를 제안한다. 한편 「망원」, 「풍장 생각」 등에서는 시인의 사회학적인 사유가 언어의 경계 너머로 확장되며 그만의 존재론적인 감각을 구체적인 사회적 상처와 겹쳐 보이게 한다. 「아픈 몸이 아프지 않은 쪽으로」와 같은 시편을 통해서는 가족의 고통, 병든 몸에 대한 사유를 펼쳐 보인다. 시인은 병든 누나에게 보낸 문자에 자신의 내면을 중첩시킨다. "애썼어요"라는 문장은 누나에게 보내는 말인 동시에 자신에게 건네는 말이며 이 말은 곧바로 읽는 이에게로 번져나간다.

이번 시집에서 두드러지게 드러나는 것은 '말' 그 자체에 대한 시적 사유다. 「말들의 정원」과 「말들의 묘지」는 시의 언어가 머무는 장소를 감각적으로 묘사한다. 언어는 정원이기도 하고 묘지이기도 하다. 어떤 말은 피어나고 어떤 말은 죽어가는 채로 다시 살아난다.「유서체의 전설」은 죽음 직전의 언어에 대한 전설을 통해 시가 도달해야 할 가장 마지막 언어의 경계를 탐색한다. 심보선의 시는 말에 대한 말이 아니라, 말을 다시 살려내는 행위로써의 시 쓰기의 결과물이다. 또한 그는 이 시집의 문장들 속에서 자기 존재에 대한 끊임없는 반성과 함께 스스로의 정체성을 정의하려는 숙고의 장면들을 드러낸다. 그의 시는 고백적이지만 온전히 사적이지 않다. 오히려 그는 자기를 고백함으로써 타인의 정체성과 감정을 헤아려보려 한다. 나는 누구인가. 나는 왜 이 자리에 있는가. 나는 무엇을 쓰고 있는가. 반복되는 질문들은 어떤 구체적인 결론에도 닿지 않지만 그렇기에 깊은 여운을 남긴다. 시편들은 심보선 시인 특유의 온기와 지성이 깃든 시선으로 인해 단순한 시대의 기록을 넘어 보편적인 인간 존재에 대한 성찰로 확장된다.

심보선은 시집에 실린 산문에서 이 모든 기록을 "그을린 예술의 또 다른 예시"라고 이름 붙인다. 그가 오래도록 천착해 온 '그을린 예술'이란 삶의 비참 속에서도 행복의 빛을 찾고자 하는 꿈으로서의 예술이다. 다시 말해, 현실의 불길이 우리를 그을린 재처럼 만들어버릴지라도 예술은 그 잿빛 속에서 작은 불씨를, 희망의 빛을, 끈질기게 찾아내려는 노력이다. 그의 언어는 매끈하거나 완벽하지 않다. 상처 자국과 그을림의 무늬를 지닌 채로 담담하고도 단단하게 새겨진다. 바로 그 흉터야말로 예술의 진정성과 힘을 증명해주는 고투의 기록일 것이다. 절망의 한복판에서 우리는 어떻게 느끼고 희망을 발견할 수 있을까? 고통받는 타인의 슬픔을 우리는 어떻게 느끼고 기억할 수 있을까? 이 시집은 근원적인 질문들을 사적이고 시적인 장면들로 제시하며 그 답을 함께 모색하자고 권한다. 말의 부재와 중단, 멈춤의 호흡으로 가득한 언어의 머뭇거림. 그렇게 가까스로 나아가는 자리에서 우리는 비로소 시를 다시 읽게 되고, 오늘 이곳에서 왜 시의 언어가

필요한지 다시금 묻게 된다.

　『네가 봄에 써야지 속으로 생각했던』은 지금 이 자리에서, 그리고 앞으로 도래할 모든 봄의 자리에서 읽혀야 할 시집이다. 그는 슬픔과 절망을 견디는 법을 가르쳐주지 않는다. 대신 그런 감정을 솔직하게 드러냄으로써 그것들과 함께 살아나가는 또 다른 방법을 상상하게 한다. 시대의 상흔을 숨기지 않고 드러냄으로써 우리 공동체가 겪은 고통을 그만의 방식으로 증언한다는 것. 인간다움과 연대의 가능성을 공동체의 이름으로 제시한다는 것. 이 시집은 한 시인의 사적인 되새김이자, 시대의 언어이고, 우리가 끝내 붙잡고 싶었던 말들의 생존 기록이기도 하다. 간신히 말이 도착한 자리, 그 자리에 서 있는 그을린 예술로서의 언어의 장소. 말할 수 없는 절망 속에서도 언젠가는 말해야 한다는 다짐, 그리고 그 다짐을 실천에 옮긴 용기의 잔상이다. 그리하여 우리는 그 걸음의 속도로, 그 걸음의 굳건함으로, 오늘의 위태로운 현실 위에서

한 걸음 더 나아간다. 또다시 돌아올 봄을 향해. 언젠가는 도착할 한 줄기 빛을 향해.

아침달 시집 50
네가 봄에 써야지 속으로 생각했던

1판 1쇄 펴냄 2025년 6월 12일
1판 3쇄 펴냄 2025년 7월 15일

지은이 심보선
큐레이터 정한아, 박소란
편집 서윤후, 정채영, 이기리
디자인 정유경, 한유미, 김정현

펴낸곳 아침달
펴낸이 손문경
출판등록 제2013-000289호
주소 04029 서울시 마포구 양화로7길 83, 5층
전화 02-3446-5238
전자우편 achimdalbooks@gmail.com

© 심보선, 2025
ISBN 979-11-94324-99-7 03810

값 12,000원

이 도서의 판권은 지은이와 출판사 아침달에게 있습니다.
양측의 서면 동의 없이 책 내용의 전부 혹은 일부의 재사용을 금합니다.